COCINA ASIÁTICA 2021

RECETAS AUTÉNTICAS RÁPIDAS Y FÁCILES PARA HACER EN CASA

FERNANDO GUTIERREZ

Tabla de contenido

Introducción.. 7

Salteado de pollo simple 8

Pollo en Salsa de Tomate................................... 10

Pollo con Tomates 11

Pollo escalfado con tomates 12

Pollo y Tomates con Salsa de Frijoles Negros 13

Pollo Cocido Rápido con Verduras 14

Pollo con nueces 15

Pollo con Nueces 16

Pollo con Castañas de Agua.............................. 17

Pollo Salado con Castañas de Agua................... 18

Wonton de pollo 20

Alitas de pollo crujientes 21

Alitas de pollo con cinco especias 22

Alitas de pollo marinadas 23

Alitas De Pollo Real 25

Alitas De Pollo Con Especias 27

Muslos de pollo a la parrilla 28

Muslos de pollo Hoisin 29

Pollo Estofado... 30

Pollo frito crujiente... 31

Pollo Entero Frito.. 33

Pollo a las cinco especias................................. 34

Pollo con jengibre y cebolleta 36

Pollo escalfado 37

Pollo Cocido Rojo.. 38

Pollo con especias cocidas en rojo 39

Pollo asado con sésamo.................................... 40

Pollo en Salsa de Soja 41

Pollo al vapor 42

Pollo al vapor con anís..................................... 43

Pollo de sabor extraño...................................... 44

Trozos de pollo crujientes *45*
Pollo con Judías Verdes *46*
Pollo Cocido con Piña *47*
Pollo con Pimientos y Tomates *48*
Pollo al sésamo *49*
Poussins fritos *50*
Pavo con Mangetout *51*
Pavo con Pimientos *53*
Pavo asado chino *55*
Pavo con Nueces y Champiñones *56*
Pato con brotes de bambú *57*
Pato con brotes de soja *58*
Pato Estofado *59*
Pato al vapor con apio *60*
Pato con Jengibre *61*
Pato con Judías Verdes *63*
Pato al vapor frito *65*
Pato con Frutas Exóticas *66*
Pato Estofado con Hojas Chinas *68*
Pato borracho *69*
Pato de cinco especias *70*
Pato Salteado con Jengibre *71*
Pato con Jamón y Puerros *72*
Pato asado con miel *73*
Pato asado húmedo *74*
Pato salteado con champiñones *76*
Pato con dos hongos *78*
Pato Estofado Con Cebollas *79*
Pato con Naranja *81*
Pato asado a la naranja *82*
Pato con Peras y Castañas *83*
Pato Pekín *84*
Pato Estofado con Piña *87*
Pato Salteado con Piña *88*
Pato de piña y jengibre *90*
Pato con Piña y Lichis *91*

Pato con Cerdo y Castañas 92
Pato con Patatas 93
Pato Cocido Rojo 95
Arroz Vino Pato Asado 96
Pato al vapor con vino de arroz 97
Pato Salado 98
Pato Salado con Judías Verdes 99
Pato cocido a fuego lento 101
Pato Salteado 103
Pato con batatas 104
Pato agridulce 106
Pato mandarina 108
Pato con Verduras 108
Pato Salteado con Verduras 110
Pato Cocido Blanco 112
Pato con vino 113

Introducción

Todo el que ama cocinar, ama experimentar con nuevos platos y nuevas sensaciones gustativas. La cocina china se ha vuelto inmensamente popular en los últimos años porque ofrece una gama diferente de sabores para disfrutar. La mayoría de los platos se cocinan sobre la estufa, y muchos se preparan y cocinan rápidamente, por lo que son ideales para el cocinero ocupado que quiere crear un plato apetitoso y atractivo cuando hay poco tiempo de sobra. Si realmente te gusta la cocina china, probablemente ya tengas un wok, y este es el utensilio perfecto para cocinar la mayoría de los platos del libro. Si aún no estás convencido de que este estilo de cocina es para ti, usa una buena sartén o cacerola para probar las recetas. Cuando descubra lo fáciles de preparar y lo sabroso que es comer, seguramente querrá invertir en un wok para su cocina.

Salteado de pollo simple

Para 4 personas

1 pechuga de pollo, en rodajas finas

2 rodajas de raíz de jengibre, picadas

2 cebolletas (cebolletas), picadas

15 ml / 1 cucharada de harina de maíz (maicena)

15 ml / 1 cucharada de vino de arroz o jerez seco

30 ml / 2 cucharadas de agua

2,5 ml / ½ cucharadita de sal

45 ml / 3 cucharadas de aceite de maní (maní)

100 g / 4 oz de brotes de bambú, en rodajas

100 g / 4 oz de champiñones, en rodajas

100 g / 4 oz de brotes de soja

15 ml / 1 cucharada de salsa de soja

5 ml / 1 cucharadita de azúcar

120 ml / 4 fl oz / ½ taza de caldo de pollo

Coloca el pollo en un bol. Mezclar el jengibre, las cebolletas, la maicena, el vino o el jerez, el agua y la sal, incorporar al pollo y dejar reposar durante 1 hora. Calentar la mitad del aceite y sofreír el pollo hasta que esté ligeramente dorado y luego retirarlo de la sartén. Calentar el aceite restante y sofreír los brotes de bambú, los champiñones y los brotes de soja durante 4 minutos. Agregue la salsa de soja, el azúcar y el caldo, lleve a ebullición, tape y cocine a fuego lento durante 5 minutos hasta que las verduras estén tiernas. Regrese el pollo a la sartén, revuelva bien y vuelva a calentar suavemente antes de servir.

Para 4 personas

30 ml / 2 cucharadas de aceite de cacahuete

5 ml / 1 cucharadita de sal

2 dientes de ajo machacados

450 g / 1 libra de pollo, en cubos

300 ml / ½ pt / 1¼ tazas de caldo de pollo

120 ml / 4 fl oz / ½ taza de salsa de tomate (salsa de tomate)

15 ml / 1 cucharada de harina de maíz (maicena)

4 cebolletas (cebolletas), en rodajas

Calentar el aceite con la sal y el ajo hasta que el ajo esté ligeramente dorado. Agrega el pollo y sofríe hasta que esté ligeramente dorado. Agregue la mayor parte del caldo, lleve a ebullición, tape y cocine a fuego lento durante unos 15 minutos hasta que el pollo esté tierno. Revuelva el caldo restante con la salsa de tomate y la harina de maíz y revuélvalo en la sartén. Cocine a fuego lento, revolviendo, hasta que la salsa espese y se aclare. Si la salsa está muy fina, déjala hirviendo a fuego lento un rato hasta que se reduzca. Agregue las cebolletas y cocine a fuego lento durante 2 minutos antes de servir.

Pollo con Tomates

Para 4 personas

225 g / 8 oz de pollo, cortado en cubitos

15 ml / 1 cucharada de harina de maíz (maicena)

15 ml / 1 cucharada de salsa de soja

15 ml / 1 cucharada de vino de arroz o jerez seco

45 ml / 3 cucharadas de aceite de maní (maní)

1 cebolla cortada en cubitos

60 ml / 4 cucharadas de caldo de pollo

5 ml / 1 cucharadita de sal

5 ml / 1 cucharadita de azúcar

2 tomates, sin piel y cortados en cubitos

Mezclar el pollo con la maicena, la salsa de soja y el vino o jerez y dejar reposar 30 minutos. Calentar el aceite y freír el pollo hasta que tenga un color ligero. Agrega la cebolla y sofríe hasta que se ablande. Agrega el caldo, la sal y el azúcar, lleva a ebullición y remueve suavemente a fuego lento hasta que el pollo esté cocido. Agregue los tomates y revuelva hasta que esté bien caliente.

Para 4 personas

4 porciones de pollo

4 tomates, sin piel y en cuartos

15 ml / 1 cucharada de vino de arroz o jerez seco

15 ml / 1 cucharada de aceite de cacahuete

sal

Coloque el pollo en una sartén y cúbralo con agua fría. Llevar a ebullición, tapar y cocinar a fuego lento durante 20 minutos. Agregue los tomates, el vino o el jerez, el aceite y la sal, tape y cocine a fuego lento durante 10 minutos más hasta que el pollo esté cocido. Coloque el pollo en un plato para servir calentado y córtelo en trozos para servir. Vuelva a calentar la salsa y vierta sobre el pollo para servir.

Pollo y Tomates con Salsa de Frijoles Negros

Para 4 personas

45 ml / 3 cucharadas de aceite de maní (maní)

1 diente de ajo machacado

45 ml / 3 cucharadas de salsa de frijoles negros

225 g / 8 oz de pollo, cortado en cubitos

15 ml / 1 cucharada de vino de arroz o jerez seco

5 ml / 1 cucharadita de azúcar

15 ml / 1 cucharada de salsa de soja

90 ml / 6 cucharadas de caldo de pollo

3 tomates, sin piel y en cuartos

10 ml / 2 cucharaditas de harina de maíz (maicena)

45 ml / 3 cucharadas de agua

Calentar el aceite y sofreír los ajos durante 30 segundos. Agregue la salsa de frijoles negros y fría por 30 segundos luego agregue el pollo y revuelva hasta que esté bien cubierto de aceite. Agregue el vino o jerez, el azúcar, la salsa de soja y el caldo, lleve a ebullición, tape y cocine a fuego lento durante unos 5 minutos hasta que el pollo esté cocido. Mezcle la harina de maíz y el agua hasta obtener una pasta, revuélvala en la sartén y cocine a fuego lento, revolviendo, hasta que la salsa se aclare y espese.

Pollo Cocido Rápido con Verduras

Para 4 personas

1 clara de huevo

50 g / 2 oz de harina de maíz (maicena)

225 g / 8 oz de pechugas de pollo, cortadas en tiras

75 ml / 5 cucharadas de aceite de maní (maní)

200 g / 7 oz de brotes de bambú, cortados en tiras

50 g / 2 oz de brotes de soja

1 pimiento verde cortado en tiritas

3 cebolletas (cebolletas), en rodajas

1 rodaja de raíz de jengibre, picada

1 diente de ajo picado

15 ml / 1 cucharada de vino de arroz o jerez seco

Batir la clara de huevo y la maicena y sumergir las tiras de pollo en la mezcla. Calienta el aceite a moderadamente caliente y fríe el pollo por unos minutos hasta que esté cocido. Retirar de la sartén y escurrir bien. Agregue los brotes de bambú, los brotes de soja, el pimiento, la cebolla, el jengibre y el ajo a la sartén y saltee durante 3 minutos. Agrega el vino o jerez y regresa el pollo a la sartén. Revuelva bien y caliente antes de servir.

Pollo con nueces

Para 4 personas

45 ml / 3 cucharadas de aceite de maní (maní)

2 cebolletas (cebolletas), picadas

1 rodaja de raíz de jengibre, picada

450 g / 1 libra de pechuga de pollo, en rodajas muy finas

50 g / 2 oz de jamón, desmenuzado

30 ml / 2 cucharadas de salsa de soja

30 ml / 2 cucharadas de vino de arroz o jerez seco

5 ml / 1 cucharadita de azúcar

5 ml / 1 cucharadita de sal

100 g / 4 oz / 1 taza de nueces, picadas

Calentar el aceite y sofreír las cebollas y el jengibre durante 1 minuto. Agrega el pollo y el jamón y sofríe durante 5 minutos hasta que estén casi cocidos. Agrega la salsa de soja, el vino o jerez, el azúcar y la sal y sofríe durante 3 minutos. Agrega las nueces y sofríe durante 1 minuto hasta que los ingredientes estén bien mezclados.

Pollo con Nueces

Para 4 personas

100 g / 4 oz / 1 taza de nueces sin cáscara, cortadas por la mitad

aceite para freír

45 ml / 3 cucharadas de aceite de maní (maní)

2 rodajas de raíz de jengibre, picadas

225 g / 8 oz de pollo, cortado en cubitos

100 g / 4 oz de brotes de bambú, en rodajas

75 ml / 5 cucharadas de caldo de pollo

Preparar las nueces, calentar el aceite y freír las nueces hasta que estén doradas y escurrir bien. Calentar el aceite de cacahuete y freír el jengibre durante 30 segundos. Agrega el pollo y sofríe hasta que esté ligeramente dorado. Agregue los ingredientes restantes, lleve a ebullición y cocine a fuego lento, revolviendo, hasta que el pollo esté cocido.

Pollo con Castañas de Agua

Para 4 personas

45 ml / 3 cucharadas de aceite de maní (maní)

2 dientes de ajo machacados

2 cebolletas (cebolletas), picadas

1 rodaja de raíz de jengibre, picada

225 g / 8 oz de pechuga de pollo, cortada en rodajas

100 g / 4 oz de castañas de agua, cortadas en rodajas

45 ml / 3 cucharadas de salsa de soja

15 ml / 1 cucharada de vino de arroz o jerez seco

5 ml / 1 cucharadita de harina de maíz (maicena)

Calentar el aceite y sofreír el ajo, las cebolletas y el jengibre hasta que estén ligeramente dorados. Agrega el pollo y sofríe durante 5 minutos. Agrega las castañas de agua y sofríe durante 3 minutos. Agregue la salsa de soja, el vino o el jerez y la harina de maíz y saltee durante unos 5 minutos hasta que el pollo esté bien cocido.

Pollo Salado con Castañas de Agua

Para 4 personas

30 ml / 2 cucharadas de aceite de cacahuete

4 trozos de pollo

3 cebolletas (cebolletas), picadas

2 dientes de ajo machacados

1 rodaja de raíz de jengibre, picada

250 ml / 8 fl oz / 1 taza de salsa de soja

30 ml / 2 cucharadas de vino de arroz o jerez seco

30 ml / 2 cucharadas de azúcar morena

5 ml / 1 cucharadita de sal

375 ml / 13 fl oz / 1¼ tazas de agua

225 g / 8 oz de castañas de agua, en rodajas

15 ml / 1 cucharada de harina de maíz (maicena)

Calentar el aceite y freír los trozos de pollo hasta que estén dorados. Agrega las cebolletas, el ajo y el jengibre y sofríe durante 2 minutos. Agregue la salsa de soja, el vino o el jerez, el azúcar y la sal y revuelva bien. Agrega el agua y lleva a ebullición, tapa y cocina a fuego lento durante 20 minutos. Añadir las castañas de agua, tapar y cocinar 20 minutos más. Mezcle la harina de maíz con un poco de agua, revuélvala con la salsa y cocine a fuego lento, revolviendo, hasta que la salsa se aclare y espese.

Wonton de pollo

Para 4 personas

4 hongos chinos secos

450 g / 1 lb de pechuga de pollo, desmenuzada

225 g / 8 oz de verduras mixtas, picadas

1 cebolla tierna (cebolleta), picada

15 ml / 1 cucharada de salsa de soja

2,5 ml / ½ cucharadita de sal

40 pieles de wonton

1 huevo batido

Remojar los champiñones en agua tibia durante 30 minutos y luego escurrir. Desechar los tallos y picar las tapas. Mezclar con el pollo, las verduras, la salsa de soja y la sal.

Para doblar los wonton, sostén la piel en la palma de tu mano izquierda y coloca un poco de relleno en el centro. Humedece los bordes con huevo y dobla la piel en triángulo, sellando los bordes. Humedece las esquinas con huevo y retuerce.

Pon a hervir una cacerola con agua. Agregue los wontons y cocine a fuego lento durante unos 10 minutos hasta que floten hacia la parte superior.

Alitas de pollo crujientes

Para 4 personas

900 g / 2 lb de alitas de pollo

60 ml / 4 cucharadas de vino de arroz o jerez seco

60 ml / 4 cucharadas de salsa de soja

50 g / 2 oz / ½ taza de harina de maíz (maicena)

aceite de cacahuete para freír

Coloca las alitas de pollo en un bol. Mezcle los ingredientes restantes y vierta sobre las alitas de pollo, revolviendo bien para que se cubran con la salsa. Tapar y dejar reposar 30 minutos. Calienta el aceite y fríe el pollo de a pocos a la vez hasta que esté bien cocido y marrón oscuro. Escurrir bien sobre papel de cocina y mantener caliente mientras se fríe el pollo restante.

Alitas de pollo con cinco especias

Para 4 personas

30 ml / 2 cucharadas de aceite de cacahuete

2 dientes de ajo machacados

450 g / 1 libra de alitas de pollo

250 ml / 8 fl oz / 1 taza de caldo de pollo

30 ml / 2 cucharadas de salsa de soja

5 ml / 1 cucharadita de azúcar

5 ml / 1 cucharadita de polvo de cinco especias

Calentar el aceite y el ajo hasta que el ajo esté ligeramente dorado. Agrega el pollo y sofríe hasta que esté ligeramente dorado. Agregue los ingredientes restantes, revolviendo bien, y deje hervir. Tape y cocine a fuego lento durante unos 15 minutos hasta que el pollo esté bien cocido. Retire la tapa y continúe cocinando a fuego lento, revolviendo ocasionalmente, hasta que casi todo el líquido se haya evaporado. Sirva caliente o fría.

Alitas de pollo marinadas

Para 4 personas

45 ml / 3 cucharadas de salsa de soja

45 ml / 3 cucharadas de vino de arroz o jerez seco

30 ml / 2 cucharadas de azúcar morena

5 ml / 1 cucharadita de raíz de jengibre rallada

2 dientes de ajo machacados

6 cebolletas (cebolletas), en rodajas

450 g / 1 libra de alitas de pollo

30 ml / 2 cucharadas de aceite de cacahuete

225 g / 8 oz de brotes de bambú, en rodajas

20 ml / 4 cucharaditas de harina de maíz (maicena)

175 ml / 6 fl oz / ¾ taza de caldo de pollo

Mezcle la salsa de soja, el vino o el jerez, el azúcar, el jengibre, el ajo y las cebolletas. Agregue las alitas de pollo y revuelva para cubrir completamente. Tapar y dejar reposar durante 1 hora, revolviendo de vez en cuando. Calentar el aceite y sofreír los brotes de bambú durante 2 minutos. Sácalos de la sartén. Escurre el pollo y la cebolla, reservando la marinada. Recalentar el aceite y sofreír el pollo hasta que se dore por todos lados. Tape y cocine por 20 minutos más hasta que el pollo esté tierno. Licúa la maicena con el caldo y la marinada reservada. Verter sobre el pollo y llevar a ebullición, revolviendo, hasta que la salsa espese.

Agregue los brotes de bambú y cocine a fuego lento,

revolviendo, durante 2 minutos más.

Para 4 personas

12 alitas de pollo

250 ml / 8 fl oz / 1 taza de aceite de maní (maní)

15 ml / 1 cucharada de azúcar granulada

2 cebolletas (cebolletas), cortadas en trozos

5 rodajas de raíz de jengibre

5 ml / 1 cucharadita de sal

45 ml / 3 cucharadas de salsa de soja

250 ml / 8 fl oz / 1 taza de vino de arroz o jerez seco

250 ml / 8 fl oz / 1 taza de caldo de pollo

10 rodajas de brotes de bambú

15 ml / 1 cucharada de harina de maíz (maicena)

15 ml / 1 cucharada de agua

2,5 ml / ½ cucharadita de aceite de sésamo

Escaldar las alitas de pollo en agua hirviendo durante 5 minutos y luego escurrirlas bien. Calentar el aceite, agregar el azúcar y revolver hasta que se derrita y se dore. Agregue el pollo, las cebolletas, el jengibre, la sal, la salsa de soja, el vino y el caldo, lleve a ebullición y cocine a fuego lento durante 20 minutos. Agregue los brotes de bambú y cocine a fuego lento durante 2 minutos o hasta que el líquido se haya evaporado casi por completo. Licúa la harina de maíz con el agua, revuélvela en la sartén y revuelve hasta que espese. Transfiera las alitas de pollo a un plato para servir caliente y sirva espolvoreadas con aceite de sésamo.

Alitas De Pollo Con Especias

Para 4 personas

30 ml / 2 cucharadas de aceite de cacahuete

5 ml / 1 cucharadita de sal

2 dientes de ajo machacados

900 g / 2 lb de alitas de pollo

30 ml / 2 cucharadas de vino de arroz o jerez seco

30 ml / 2 cucharadas de salsa de soja

30 ml / 2 cucharadas de puré de tomate (pasta)

15 ml / 1 cucharada de salsa Worcestershire

Calentar el aceite, la sal y el ajo y sofreír hasta que el ajo se torne ligeramente dorado. Agregue las alitas de pollo y fría, revolviendo con frecuencia, durante unos 10 minutos hasta que estén doradas y casi cocidas. Agregue los ingredientes restantes y saltee durante unos 5 minutos hasta que el pollo esté crujiente y bien cocido.

Muslos de pollo a la parrilla

Para 4 personas

16 muslos de pollo

30 ml / 2 cucharadas de vino de arroz o jerez seco

30 ml / 2 cucharadas de vinagre de vino

30 ml / 2 cucharadas de aceite de oliva

sal y pimienta recién molida

120 ml / 4 fl oz / ½ taza de jugo de naranja

30 ml / 2 cucharadas de salsa de soja

30 ml / 2 cucharadas de miel

15 ml / 1 cucharada de jugo de limón

2 rodajas de raíz de jengibre, picadas

120 ml / 4 fl oz / ½ taza de salsa de chile

Mezclar todos los ingredientes excepto la salsa de chiles, tapar y dejar macerar en el frigorífico durante la noche. Retire el pollo de la marinada y cocine a la parrilla o a la parrilla (asar) durante unos 25 minutos, volteándolo y rociándolo con la salsa de chile mientras cocina.

Muslos de pollo Hoisin

Para 4 personas

8 muslos de pollo

600 ml / 1 pt / 2½ tazas de caldo de pollo

sal y pimienta recién molida

250 ml / 8 fl oz / 1 taza de salsa hoisin

30 ml / 2 cucharadas de harina común (para todo uso)

2 huevos batidos

100 g / 4 oz / 1 taza de pan rallado

aceite para freír

Coloque las baquetas y el caldo en una sartén, lleve a ebullición, tape y cocine a fuego lento durante 20 minutos hasta que estén cocidas. Retire el pollo de la sartén y séquelo con papel de cocina. Coloque el pollo en un bol y sazone con sal y pimienta. Verter sobre la salsa hoisin y dejar macerar durante 1 hora. Drenar. Mezcle el pollo en la harina, luego cúbralo con los huevos y el pan rallado, luego con el huevo y el pan rallado nuevamente. Calentar el aceite y freír el pollo durante unos 5 minutos hasta que se dore. Escurrir sobre papel de cocina y servir frío o caliente.

Pollo Estofado

Para 4 a 6 porciones

75 ml / 5 cucharadas de aceite de maní (maní)

1 pollo

3 cebolletas (cebolletas), en rodajas

3 rodajas de raíz de jengibre

120 ml / 4 fl oz / ½ taza de salsa de soja

30 ml / 2 cucharadas de vino de arroz o jerez seco

5 ml / 1 cucharadita de azúcar

Calentar el aceite y sofreír el pollo hasta que se dore. Agregue las cebolletas, el jengibre, la salsa de soja y el vino o jerez y deje hervir. Tape y cocine a fuego lento durante 30 minutos, volteando ocasionalmente. Agregue el azúcar, tape y cocine a fuego lento durante 30 minutos más hasta que el pollo esté cocido.

Pollo frito crujiente

Para 4 personas

1 pollo

sal

30 ml / 2 cucharadas de vino de arroz o jerez seco

3 cebolletas (cebolletas), cortadas en cubitos

1 rodaja de raíz de jengibre

30 ml / 2 cucharadas de salsa de soja

30 ml / 2 cucharadas de azúcar

5 ml / 1 cucharadita de clavo de olor entero

5 ml / 1 cucharadita de sal

5 ml / 1 cucharadita de granos de pimienta

150 ml / ¼ pt / generosa ½ taza de caldo de pollo

aceite para freír

1 lechuga, rallada

4 tomates, en rodajas

½ pepino, en rodajas

Frote el pollo con sal y déjelo reposar durante 3 horas. Enjuagar y colocar en un bol. Agregue el vino o jerez, el jengibre, la salsa de soja, el azúcar, el clavo, la sal, los granos de pimienta y el caldo y rocíe bien. Coloque el tazón en una vaporera, cubra y cocine al vapor durante aproximadamente 2 ¼ horas hasta que el pollo esté bien cocido. Drenar. Calentar el aceite hasta que esté humeante, luego agregar el pollo y sofreír hasta que se dore. Freír durante 5 minutos más, retirar del aceite y escurrir. Cortar en trozos y colocar en un plato para servir caliente. Adorne con la lechuga, los tomates y el pepino y sirva con un aderezo de pimienta y sal.

Para 5 porciones

1 pollo

10 ml / 2 cucharaditas de sal

15 ml / 1 cucharada de vino de arroz o jerez seco

2 cebolletas (cebolletas), cortadas por la mitad

3 rodajas de raíz de jengibre, cortadas en tiras

aceite para freír

Seque el pollo y frote la piel con sal y vino o jerez. Coloque las cebolletas y el jengibre dentro de la cavidad. Cuelga el pollo para que se seque en un lugar fresco durante unas 3 horas. Calentar el aceite y colocar el pollo en una cesta para freír. Baje suavemente en el aceite y rocíe continuamente por dentro y por fuera hasta que el pollo esté ligeramente coloreado. Retirar del aceite y dejar enfriar un poco mientras recalienta el aceite. Freír nuevamente hasta que estén doradas. Escurrir bien y luego picar en trozos.

Pollo a las cinco especias

Para 4 a 6 porciones

1 pollo

120 ml / 4 fl oz / ½ taza de salsa de soja

2,5 cm / 1 pulgada de raíz de jengibre, picada

1 diente de ajo machacado

15 ml / 1 cucharada de polvo de cinco especias

30 ml / 2 cucharadas de vino de arroz o jerez seco

30 ml / 2 cucharadas de miel

2,5 ml / ½ cucharadita de aceite de sésamo

aceite para freír

30 ml / 2 cucharadas de sal

5 ml / 1 cucharadita de pimienta recién molida

Coloque el pollo en una cacerola grande y llénelo con agua hasta la mitad del muslo. Reserve 15 ml / 1 cucharada de salsa de soja y agregue el resto a la sartén con el jengibre, el ajo y la mitad del polvo de cinco especias. Llevar a ebullición, tapar y cocinar a fuego lento durante 5 minutos. Apague el fuego y deje reposar el pollo en el agua hasta que el agua esté tibia. Drenar.

Corta el pollo por la mitad a lo largo y colócalo con el lado cortado hacia abajo en una fuente para asar. Mezcle la salsa de soja restante y el polvo de cinco especias con el vino o el jerez, la miel y el aceite de sésamo. Frote la mezcla sobre el pollo y déjelo reposar durante 2 horas, untando de vez en cuando con la mezcla. Calienta el aceite y fríe las mitades de pollo durante unos 15 minutos hasta que estén doradas y bien cocidas. Escurrir sobre papel de cocina y cortar en porciones.

Mientras tanto, mezcle la sal y la pimienta y caliente en una sartén seca durante unos 2 minutos. Sirve como salsa con el pollo.

Para 4 personas

1 pollo
2 rodajas de raíz de jengibre, cortadas en tiras
sal y pimienta recién molida
90 ml / 4 cucharadas de aceite de cacahuete (maní)
8 cebolletas (cebolletas), finamente picadas
10 ml / 2 cucharaditas de vinagre de vino blanco
5 ml / 1 cucharadita de salsa de soja

Coloque el pollo en una cacerola grande, agregue la mitad del jengibre y vierta suficiente agua casi para cubrir el pollo. Condimentar con sal y pimienta. Lleve a ebullición, cubra y cocine a fuego lento durante aproximadamente 1¼ horas hasta que estén tiernas. Deje reposar el pollo en el caldo hasta que se enfríe. Escurre el pollo y refrigéralo hasta que esté frío. Cortar en porciones.

Rallar el jengibre restante y mezclar con el aceite, las cebolletas, el vinagre de vino y la salsa de soja y sal y pimienta. Refrigere por 1 hora. Coloque los trozos de pollo en un tazón para servir y vierta sobre el aderezo de jengibre. Sirve con arroz al vapor.

Pollo escalfado

Para 4 personas

1 pollo

1,2 l / 2 pts / 5 tazas de caldo de pollo o agua

30 ml / 2 cucharadas de vino de arroz o jerez seco

4 cebolletas (cebolletas), picadas

1 rodaja de raíz de jengibre

5 ml / 1 cucharadita de sal

Coloque el pollo en una cacerola grande con todos los ingredientes restantes. El caldo o el agua deben llegar hasta la mitad del muslo. Lleve a ebullición, cubra y cocine a fuego lento durante aproximadamente 1 hora hasta que el pollo esté bien cocido. Escurrir, reservando el caldo para sopas.

Pollo Cocido Rojo

Para 4 personas

1 pollo

250 ml / 8 fl oz / 1 taza de salsa de soja

Coloque el pollo en una sartén, vierta sobre la salsa de soja y rellénelo con agua casi hasta cubrir el pollo. Lleve a ebullición, tape y cocine a fuego lento durante aproximadamente 1 hora hasta que el pollo esté cocido, volteándolo ocasionalmente.

Pollo con especias cocidas en rojo

Para 4 personas

2 rodajas de raíz de jengibre

2 cebolletas (cebolletas)

1 pollo

3 dientes de anís estrellado

½ rama de canela

15 ml / 1 cucharada de granos de pimienta de Sichuan

75 ml / 5 cucharadas de salsa de soja

75 ml / 5 cucharadas de vino de arroz o jerez seco

75 ml / 5 cucharadas de aceite de sésamo

15 ml / 1 cucharada de azúcar

Coloque el jengibre y las cebolletas dentro de la cavidad del pollo y coloque el pollo en una sartén. Ate el anís estrellado, la canela y los granos de pimienta en un trozo de muselina y agréguelo a la sartén. Vierta sobre la salsa de soja, vino o jerez y aceite de sésamo. Llevar a ebullición, tapar y cocinar a fuego lento durante unos 45 minutos. Agregue el azúcar, cubra y cocine a fuego lento durante 10 minutos más hasta que el pollo esté bien cocido.

Pollo asado con sésamo

Para 4 personas

50 g / 2 oz de semillas de sésamo

1 cebolla finamente picada

2 dientes de ajo picados

10 ml / 2 cucharaditas de sal

1 guindilla roja seca, triturada

pizca de clavo molido

2,5 ml / ½ cucharadita de cardamomo molido

2,5 ml / ½ cucharadita de jengibre molido

75 ml / 5 cucharadas de aceite de maní (maní)

1 pollo

Mezcle todos los condimentos y el aceite y cepille sobre el pollo. Colóquelo en un molde para asar y agregue 30 ml / 2 cucharadas de agua al molde. Ase en un horno precalentado a 180 ° C / 350 ° F / marca de gas 4 durante aproximadamente 2 horas, rociando y volteando el pollo de vez en cuando, hasta que esté dorado y bien cocido. Agregue un poco más de agua, si es necesario, para evitar quemaduras.

Pollo en Salsa de Soja

Para 4 a 6 porciones

300 ml / ½ pt / 1 ¼ tazas de salsa de soja

300 ml / ½ pt / 1 ¼ tazas de vino de arroz o jerez seco

1 cebolla picada

3 rodajas de jengibre de raíz, picado

50 g / 2 oz / ¼ taza de azúcar

1 pollo

15 ml / 1 cucharada de harina de maíz (maicena)

60 ml / 4 cucharadas de agua

1 pepino, pelado y en rodajas

30 ml / 2 cucharadas de perejil fresco picado

Mezclar la salsa de soja, el vino o el jerez, la cebolla, el jengibre
y el azúcar en una sartén y llevar a ebullición. Agregue el pollo,
vuelva a hervir, tape y cocine a fuego lento durante 1 hora,
volteando el pollo de vez en cuando, hasta que esté cocido.
Transfiera el pollo a un plato para servir caliente y córtelo. Vierta
todo menos 250 ml / 8 fl oz / 1 taza del líquido de cocción y
vuelva a hervir. Mezcle la harina de maíz y el agua hasta obtener
una pasta, revuélvala en la sartén y cocine a fuego lento,
revolviendo, hasta que la salsa se aclare y espese. Unte un poco

de salsa sobre el pollo y decore el pollo con pepino y perejil.
Sirva la salsa restante por separado.

Pollo al vapor

Para 4 personas

1 pollo

45 ml / 3 cucharadas de vino de arroz o jerez seco

sal

2 rodajas de raíz de jengibre

2 cebolletas (cebolletas)

250 ml / 8 fl oz / 1 taza de caldo de pollo

Colocar el pollo en un bol refractario y frotar con vino o jerez y
sal y colocar el jengibre y las cebolletas dentro de la cavidad.
Coloque el tazón sobre una rejilla en una vaporera, cubra y
cocine al vapor sobre agua hirviendo durante aproximadamente 1
hora hasta que esté bien cocido. Sirva caliente o fría.

Pollo al vapor con anís

Para 4 personas

250 ml / 8 fl oz / 1 taza de salsa de soja

250 ml / 8 fl oz / 1 taza de agua

15 ml / 1 cucharada de azúcar morena

4 dientes de anís estrellado

1 pollo

Mezclar la salsa de soja, el agua, el azúcar y el anís en una cacerola y llevar a ebullición a fuego suave. Coloque el pollo en un bol y rocíe bien con la mezcla por dentro y por fuera. Vuelva a calentar la mezcla y repita. Coloca el pollo en un bol refractario. Coloque el tazón sobre una rejilla en una vaporera, cubra y cocine al vapor sobre agua hirviendo durante aproximadamente 1 hora hasta que esté bien cocido.

Pollo de sabor extraño

Para 4 personas

1 pollo

5 ml / 1 cucharadita de raíz de jengibre picada

5 ml / 1 cucharadita de ajo picado

45 ml / 3 cucharadas de salsa de soja espesa

5 ml / 1 cucharadita de azúcar

2,5 ml / ½ cucharadita de vinagre de vino

10 ml / 2 cucharaditas de salsa de sésamo

5 ml / 1 cucharadita de pimienta recién molida

10 ml / 2 cucharaditas de aceite de chile

½ lechuga, rallada

15 ml / 1 cucharada de cilantro fresco picado

Coloque el pollo en una sartén y llénelo con agua hasta que llegue hasta la mitad de las piernas de pollo. Lleve a ebullición, tape y cocine a fuego lento durante aproximadamente 1 hora hasta que el pollo esté tierno. Retirar de la sartén y escurrir bien y remojar en agua helada hasta que la carne se enfríe por completo. Escurrir bien y picar en trozos de 5 cm / 2. Mezcle todos los ingredientes restantes y vierta sobre el pollo. Sirva adornado con lechuga y cilantro.

Trozos de pollo crujientes

Para 4 personas

100 g / 4 oz de harina común (para todo uso)

pizca de sal

15 ml / 1 cucharada de agua

1 huevo

350 g / 12 oz de pollo cocido, en cubos

aceite para freír

Mezcle la harina, la sal, el agua y el huevo hasta obtener una masa bastante dura, agregando un poco más de agua si es necesario. Sumerja los trozos de pollo en la masa hasta que estén bien cubiertos. Calentar el aceite hasta que esté muy caliente y sofreír el pollo durante unos minutos hasta que esté crujiente y dorado.

Pollo con Judías Verdes

Para 4 personas

45 ml / 3 cucharadas de aceite de maní (maní)

450 g / 1 lb de pollo cocido, desmenuzado

5 ml / 1 cucharadita de sal

2,5 ml / ½ cucharadita de pimienta recién molida

225 g / 8 oz de ejotes, cortados en trozos

1 tallo de apio, cortado en diagonal

225 g / 8 oz de champiñones, en rodajas

250 ml / 8 fl oz / 1 taza de caldo de pollo

30 ml / 2 cucharadas de harina de maíz (maicena)

60 ml / 4 cucharadas de agua

10 ml / 2 cucharaditas de salsa de soja

Calentar el aceite y sofreír el pollo, salpimentar hasta que se dore un poco. Agregue los frijoles, el apio y los champiñones y mezcle bien. Agrega el caldo, lleva a ebullición, tapa y cocina a fuego lento durante 15 minutos. Mezcle la harina de maíz, el agua y la salsa de soja hasta obtener una pasta, revuélvala en la sartén y cocine a fuego lento, revolviendo, hasta que la salsa se aclare y espese.

Pollo Cocido con Piña

Para 4 personas

45 ml / 3 cucharadas de aceite de maní (maní)

225 g / 8 oz de pollo cocido, cortado en cubitos

sal y pimienta recién molida

2 tallos de apio, cortados en diagonal

3 rodajas de piña, cortada en trozos

120 ml / 4 fl oz / ½ taza de caldo de pollo

15 ml / 1 cucharada de salsa de soja

10 ml / 2 cucharadas de harina de maíz (maicena)

30 ml / 2 cucharadas de agua

Calentar el aceite y sofreír el pollo hasta que esté ligeramente dorado. Condimentar con sal y pimienta, agregar el apio y sofreír durante 2 minutos. Agregue la piña, el caldo y la salsa de soja y revuelva durante unos minutos hasta que esté bien caliente. Mezcle la harina de maíz y el agua hasta obtener una pasta, revuelva en la sartén y cocine a fuego lento, revolviendo, hasta que la salsa se aclare y espese.

Pollo con Pimientos y Tomates

Para 4 personas

45 ml / 3 cucharadas de aceite de maní (maní)

450 g / 1 lb de pollo cocido, en rodajas

10 ml / 2 cucharaditas de sal

5 ml / 1 cucharadita de pimienta recién molida

1 pimiento verde cortado en trozos

4 tomates grandes, sin piel y cortados en gajos

250 ml / 8 fl oz / 1 taza de caldo de pollo

30 ml / 2 cucharadas de harina de maíz (maicena)

15 ml / 1 cucharada de salsa de soja

120 ml / 4 fl oz / ½ taza de agua

Calentar el aceite y sofreír el pollo, salpimentar hasta que se dore. Agrega los pimientos y los tomates. Vierta el caldo, lleve a ebullición, tape y cocine a fuego lento durante 15 minutos. Mezcle la harina de maíz, la salsa de soja y el agua hasta obtener una pasta, revuélvala en la sartén y cocine a fuego lento, revolviendo, hasta que la salsa se aclare y espese.

Pollo al sésamo

Para 4 personas

450 g / 1 lb de pollo cocido, cortado en tiras

2 rodajas de jengibre finamente picado

1 cebolla tierna (cebolleta), finamente picada

sal y pimienta recién molida

60 ml / 4 cucharadas de vino de arroz o jerez seco

60 ml / 4 cucharadas de aceite de sésamo

10 ml / 2 cucharaditas de azúcar

5 ml / 1 cucharadita de vinagre de vino

150 ml / ¼ pt / generosa ½ taza de salsa de soja

Coloque el pollo en un plato para servir y espolvoree con jengibre, cebolleta, sal y pimienta. Mezcle el vino o jerez, aceite de sésamo, azúcar, vinagre de vino y salsa de soja. Vierta sobre el pollo.

Poussins fritos

Para 4 personas

2 poussins, cortados a la mitad

45 ml / 3 cucharadas de salsa de soja

45 ml / 3 cucharadas de vino de arroz o jerez seco

120 ml / 4 fl oz / ½ taza de aceite de maní (maní)

1 cebolla tierna (cebolleta), finamente picada

30 ml / 2 cucharadas de caldo de pollo

10 ml / 2 cucharaditas de azúcar

5 ml / 1 cucharadita de aceite de chile

5 ml / 1 cucharadita de pasta de ajo

sal y pimienta

Coloca los poussins en un bol. Mezclar la salsa de soja y el vino o jerez, verter sobre los poussins, tapar y marinar durante 2 horas, rociando con frecuencia. Calentar el aceite y freír los poussins durante unos 20 minutos hasta que estén bien cocidos. Sácalos de la sartén y recalienta el aceite. Devuélvelos a la sartén y fríelos hasta que estén dorados. Drene la mayor parte del aceite. Mezcle los ingredientes restantes, agregue a la sartén y caliente rápidamente. Vierta sobre los poussins antes de servir.

Pavo con Mangetout

Para 4 personas

60 ml / 4 cucharadas de aceite de cacahuete

2 cebolletas (cebolletas), picadas

2 dientes de ajo machacados

1 rodaja de raíz de jengibre, picada

225 g / 8 oz de pechuga de pavo, cortada en tiras

225 g / 8 oz de tirabeques (guisantes)

100 g / 4 oz de brotes de bambú, cortados en tiras

50 g / 2 oz de castañas de agua, cortadas en tiras

45 ml / 3 cucharadas de salsa de soja

15 ml / 1 cucharada de vino de arroz o jerez seco

5 ml / 1 cucharadita de azúcar

5 ml / 1 cucharadita de sal

15 ml / 1 cucharada de harina de maíz (maicena)

Calentar 45 ml / 3 cucharadas de aceite y sofreír las cebolletas, el ajo y el jengibre hasta que estén ligeramente dorados. Agrega el pavo y sofríe durante 5 minutos. Retirar de la sartén y reservar. Calentar el aceite restante y sofreír el tirabeque, los brotes de bambú y las castañas de agua durante 3 minutos. Agrega la salsa de soja, el vino o jerez, el azúcar y la sal y regresa el pavo a la sartén. Sofreír durante 1 minuto. Mezcle la harina de maíz con un poco de agua, revuélvala en la sartén y cocine a fuego lento, revolviendo, hasta que la salsa se aclare y espese.

Pavo con Pimientos

Para 4 personas

4 hongos chinos secos

30 ml / 2 cucharadas de aceite de cacahuete

1 col china, cortada en tiras

350 g / 12 oz de pavo ahumado, cortado en tiras

1 cebolla en rodajas

1 pimiento rojo cortado en tiras

1 pimiento verde cortado en tiritas

120 ml / 4 fl oz / ½ taza de caldo de pollo

30 ml / 2 cucharadas de puré de tomate (pasta)

45 ml / 3 cucharadas de vinagre de vino

30 ml / 2 cucharadas de salsa de soja

15 ml / 1 cucharada de salsa hoisin

10 ml / 2 cucharaditas de harina de maíz (maicena)

unas gotas de aceite de guindilla

Remojar los champiñones en agua tibia durante 30 minutos y luego escurrir. Deseche los tallos y corte las tapas en tiras. Calentar la mitad del aceite y sofreír el repollo durante unos 5 minutos o hasta que esté cocido. Retirar de la sartén. Agrega el pavo y sofríe durante 1 minuto. Agrega las verduras y sofríe durante 3 minutos. Mezclar el caldo con el puré de tomate, el vinagre de vino y las salsas y añadir a la sartén con la col. Mezclar la maicena con un poco de agua, remover en la olla y llevar a ebullición, revolviendo. Espolvoree con aceite de chile y cocine a fuego lento durante 2 minutos, revolviendo continuamente.

Pavo asado chino

Sirve de 8 a 10

1 pavo pequeño
600 ml / 1 pt / 2½ tazas de agua caliente
10 ml / 2 cucharaditas de pimienta de Jamaica
500 ml / 16 fl oz / 2 tazas de salsa de soja
5 ml / 1 cucharadita de aceite de sésamo
10 ml / 2 cucharaditas de sal
45 ml / 3 cucharadas de mantequilla

Coloca el pavo en una sartén y vierte sobre el agua caliente. Agrega el resto de los ingredientes excepto la mantequilla y deja reposar 1 hora, dando vueltas varias veces. Retire el pavo del líquido y unte con mantequilla. Coloque en una fuente para asar, cubra sin apretar con papel de cocina y ase en un horno precalentado a 160 ° C / 325 ° F / marca de gas 3 durante aproximadamente 4 horas, rociando ocasionalmente con el líquido de salsa de soja. Retire el papel de aluminio y deje que la piel esté crujiente durante los últimos 30 minutos de cocción.

Pavo con Nueces y Champiñones

Para 4 personas

450 g / 1 libra de filete de pechuga de pavo

sal y pimienta

jugo de 1 naranja

15 ml / 1 cucharada de harina común (para todo uso)

12 nueces negras en escabeche con jugo

5 ml / 1 cucharadita de harina de maíz (maicena)

15 ml / 1 cucharada de aceite de cacahuete

2 cebolletas (cebolletas), cortadas en cubitos

225 g / 8 oz de champiñones

45 ml / 3 cucharadas de vino de arroz o jerez seco

10 ml / 2 cucharaditas de salsa de soja

50 g / 2 oz / ½ taza de mantequilla

25 g / 1 oz de piñones

Cortar el pavo en rodajas gruesas de 1 cm / ½. Espolvorear con sal, pimienta y jugo de naranja y espolvorear con harina. Escurrimos y partimos las nueces por la mitad, reservando el líquido, y mezclamos el líquido con la maicena. Calentar el aceite y sofreír el pavo hasta que esté dorado. Agrega las cebolletas y los champiñones y sofríe durante 2 minutos. Agregue el vino o el jerez y la salsa de soja y cocine a fuego lento durante 30 segundos. Agregue las nueces a la mezcla de harina de maíz, luego revuélvalas en la sartén y déjelas hervir. Agrega la mantequilla en hojuelas pequeñas pero no dejes que la mezcla hierva. Tostar los piñones en una sartén seca hasta que estén dorados. Transfiera la mezcla de pavo a un plato para servir caliente y sirva adornado con piñones.

Pato con brotes de bambú

Para 4 personas

6 hongos chinos secos

1 pato

50 g / 2 oz de jamón ahumado, cortado en tiras

100 g / 4 oz de brotes de bambú, cortados en tiras

2 cebolletas (cebolletas), cortadas en tiras

2 rodajas de raíz de jengibre, cortadas en tiras

5 ml / 1 cucharadita de sal

Remojar los champiñones en agua tibia durante 30 minutos y luego escurrir. Deseche los tallos y corte las tapas en tiras. Coloque todos los ingredientes en un recipiente resistente al calor y colóquelos en una sartén llena de agua hasta que lleguen dos tercios del recipiente. Llevar a ebullición, tapar y cocinar a fuego lento durante aproximadamente 2 horas hasta que el pato esté cocido, rellenando con agua hirviendo según sea necesario.

Pato con brotes de soja

Para 4 personas

225 g / 8 oz de brotes de soja

45 ml / 3 cucharadas de aceite de maní (maní)

450 g / 1 lb de carne de pato cocida

15 ml / 1 cucharada de salsa de ostras

15 ml / 1 cucharada de vino de arroz o jerez seco

30 ml / 2 cucharadas de agua

2,5 ml / ½ cucharadita de sal

Escaldar los brotes de soja en agua hirviendo durante 2 minutos y luego escurrir. Calentar el aceite, sofreír los brotes de soja durante 30 segundos. Agregue el pato, saltee hasta que esté bien caliente. Agrega los ingredientes restantes y sofríe durante 2 minutos para mezclar los sabores. Sirva de una vez.

Pato Estofado

Para 4 personas

4 cebolletas (cebolletas), picadas

1 rodaja de raíz de jengibre, picada

120 ml / 4 fl oz / ½ taza de salsa de soja

30 ml / 2 cucharadas de vino de arroz o jerez seco

1 pato

120 ml / 4 fl oz / ½ taza de aceite de maní (maní)

600 ml / 1 pt / 2½ tazas de agua

15 ml / 1 cucharada de azúcar morena

Mezcle las cebolletas, el jengibre, la salsa de soja y el vino o jerez y frótelo sobre el pato por dentro y por fuera. Calentar el aceite y sofreír el pato hasta que esté ligeramente dorado por todos lados. Escurre el aceite. Agregue el agua y la mezcla de salsa de soja restante, deje hervir, cubra y cocine a fuego lento durante 1 hora. Agregue el azúcar, cubra y cocine a fuego lento durante 40 minutos más hasta que el pato esté tierno.

Pato al vapor con apio

Para 4 personas

350 g / 12 oz de pato cocido, en rodajas

1 cabeza de apio

250 ml / 8 fl oz / 1 taza de caldo de pollo

2,5 ml / ½ cucharadita de sal

5 ml / 1 cucharadita de aceite de sésamo

1 tomate, cortado en gajos

Coloca el pato en una rejilla para vaporera. Corta el apio en trozos de 7,5 cm / 3 de largo y colócalo en una sartén. Vierta el caldo, sazone con sal y coloque la vaporera sobre la sartén. Lleve el caldo a ebullición y luego cocine a fuego lento durante unos 15 minutos hasta que el apio esté tierno y el pato se caliente. Coloque el pato y el apio en un plato para servir calentado, espolvoree el apio con aceite de sésamo y sirva adornado con gajos de tomate.

Pato con Jengibre

Para 4 personas

350 g / 12 oz de pechuga de pato, en rodajas finas

1 huevo, ligeramente batido

5 ml / 1 cucharadita de salsa de soja

5 ml / 1 cucharadita de harina de maíz (maicena)

5 ml / 1 cucharadita de aceite de cacahuete

aceite para freír

50 g / 2 oz de brotes de bambú

50 g / 2 oz de tirabeques (guisantes)

2 rodajas de raíz de jengibre picadas

15 ml / 1 cucharada de agua

2,5 ml / ½ cucharadita de azúcar

2,5 ml / ½ cucharadita de vino de arroz o jerez seco

2,5 ml / ½ cucharadita de aceite de sésamo

Mezclar el pato con el huevo, la salsa de soja, la maicena y el aceite y dejar reposar 10 minutos. Calentar el aceite y sofreír el pato y los brotes de bambú hasta que estén cocidos y dorados. Retirar de la sartén y escurrir bien. Vierta todo menos 15 ml / 1 cucharada de aceite de la sartén y saltee el pato, los brotes de bambú, el tirabeque, el jengibre, el agua, el azúcar y el vino o jerez durante 2 minutos. Sirve espolvoreado con aceite de sésamo.

Pato con Judías Verdes

Para 4 personas

1 pato

60 ml / 4 cucharadas de aceite de cacahuete

2 dientes de ajo machacados

2,5 ml / ½ cucharadita de sal

1 cebolla picada

15 ml / 1 cucharada de jengibre de raíz rallado

45 ml / 3 cucharadas de salsa de soja

120 ml / 4 fl oz / ½ taza de vino de arroz o jerez seco

60 ml / 4 cucharadas de salsa de tomate (salsa de tomate)

45 ml / 3 cucharadas de vinagre de vino

300 ml / ½ pt / 1¼ tazas de caldo de pollo

450 g / 1 libra de judías verdes, en rodajas

pizca de pimienta recién molida

5 gotas de aceite de chile

15 ml / 1 cucharada de harina de maíz (maicena)

30 ml / 2 cucharadas de agua

Pica el pato en 8 o 10 trozos. Calentar el aceite y sofreír el pato hasta que esté dorado. Transfiera a un tazón. Agrega el ajo, la sal, la cebolla, el jengibre, la salsa de soja, el vino o jerez, la salsa de tomate y el vinagre de vino. Mezclar, tapar y marinar en el frigorífico durante 3 horas.

Recalentar el aceite, agregar el pato, el caldo y la marinada, llevar a ebullición, tapar y dejar hervir a fuego lento durante 1 hora. Agregue los frijoles, tape y cocine a fuego lento durante 15 minutos. Agrega la pimienta y el aceite de guindilla. Mezcle la harina de maíz con el agua, revuélvala en la sartén y cocine a fuego lento, revolviendo, hasta que la salsa espese.

Pato al vapor frito

Para 4 personas

1 pato
sal y pimienta recién molida
aceite para freír
salsa hoisin

Sazone el pato con sal y pimienta y colóquelo en un recipiente resistente al calor. Colóquese en una cacerola llena de agua hasta que llegue a dos tercios de la altura del recipiente, lleve a ebullición, tape y cocine a fuego lento durante aproximadamente 1 hora y media hasta que el pato esté tierno. Escurrir y dejar enfriar.

Calentar el aceite y sofreír el pato hasta que esté crujiente y dorado. Retirar y escurrir bien. Picar en trozos pequeños y servir con salsa hoisin.

Pato con Frutas Exóticas

Para 4 personas

4 filetes de pechuga de pato, cortados en tiras

2,5 ml / ½ cucharadita de polvo de cinco especias

30 ml / 2 cucharadas de salsa de soja

15 ml / 1 cucharada de aceite de sésamo

15 ml / 1 cucharada de aceite de cacahuete

3 tallos de apio, cortados en cubitos

2 rodajas de piña, cortadas en cubitos

100 g / 4 oz de melón, cortado en cubitos

100 g / 4 oz de lichis, cortados a la mitad

130 ml / 4 fl oz / ½ taza de caldo de pollo

30 ml / 2 cucharadas de puré de tomate (pasta)

30 ml / 2 cucharadas de salsa hoisin

10 ml / 2 cucharaditas de vinagre de vino

pizca de azúcar morena

Coloca el pato en un bol. Mezclar el polvo de cinco especias, la salsa de soja y el aceite de sésamo, verter sobre el pato y dejar marinar durante 2 horas, revolviendo ocasionalmente. Calentar el aceite y sofreír el pato durante 8 minutos. Retirar de la sartén. Agrega el apio y las frutas y sofríe durante 5 minutos. Regrese el pato a la sartén con el resto de los ingredientes, lleve a ebullición y cocine a fuego lento, revolviendo, durante 2 minutos antes de servir.

Pato Estofado con Hojas Chinas

Para 4 personas

1 pato

30 ml / 2 cucharadas de vino de arroz o jerez seco

30 ml / 2 cucharadas de salsa hoisin

15 ml / 1 cucharada de harina de maíz (maicena)

5 ml / 1 cucharadita de sal

5 ml / 1 cucharadita de azúcar

60 ml / 4 cucharadas de aceite de cacahuete

4 cebolletas (cebolletas), picadas

2 dientes de ajo machacados

1 rodaja de raíz de jengibre, picada

75 ml / 5 cucharadas de salsa de soja

600 ml / 1 pt / 2½ tazas de agua

225 g / 8 oz de hojas chinas, ralladas

Corta el pato en unas 6 piezas. Mezclar el vino o jerez, la salsa hoisin, la maicena, la sal y el azúcar y frotar sobre el pato. Dejar reposar 1 hora. Calentar el aceite y sofreír las cebolletas, el ajo y el jengibre durante unos segundos. Agrega el pato y sofríe hasta que esté ligeramente dorado por todos lados. Escurrir cualquier exceso de grasa. Vierta la salsa de soja y el agua, lleve a ebullición, cubra y cocine a fuego lento durante unos 30 minutos.

Agregue las hojas chinas, tape de nuevo y cocine a fuego lento durante 30 minutos más hasta que el pato esté tierno.

Pato borracho

Para 4 personas

2 cebolletas (cebolletas), picadas
2 dientes de ajo picados
1,5 l / 2½ pts / 6 tazas de agua
1 pato
450 ml / ¾ pt / 2 tazas de vino de arroz o jerez seco

Coloque las cebolletas, el ajo y el agua en una olla grande y deje hervir. Agrega el pato, vuelve a hervir, tapa y cocina a fuego lento durante 45 minutos. Escurrir bien, reservando el líquido para caldo. Deje que el pato se enfríe y luego refrigere durante la noche. Corta el pato en trozos y colócalos en un frasco grande con tapa de rosca. Vierta sobre el vino o jerez y enfríe durante aproximadamente 1 semana antes de escurrir y servir frío.

Pato de cinco especias

Para 4 personas

150 ml / ¼ pt / generosa ½ taza de vino de arroz o jerez seco
150 ml / ¼ pt / generosa ½ taza de salsa de soja
1 pato
10 ml / 2 cucharaditas de polvo de cinco especias

Llevar a ebullición el vino o el jerez y la salsa de soja. Agregue el pato y cocine a fuego lento, dando vuelta durante unos 5 minutos. Retire el pato de la sartén y frote el polvo de cinco especias en la piel. Regrese el ave a la sartén y agregue suficiente agua para cubrir el pato hasta la mitad. Llevar a ebullición, tapar y cocinar a fuego lento durante aproximadamente 1 hora y media hasta que el pato esté tierno, dando vueltas y rociando con frecuencia. Picar el pato en trozos de 5 cm / 2 y servir caliente o frío.

Para 4 personas

1 pato

2 rodajas de raíz de jengibre, ralladas

2 cebolletas (cebolletas), picadas

15 ml / 1 cucharada de harina de maíz (maicena)

30 ml / 2 cucharadas de salsa de soja

30 ml / 2 cucharadas de vino de arroz o jerez seco

2,5 ml / ½ cucharadita de sal

45 ml / 3 cucharadas de aceite de maní (maní)

Retire la carne de los huesos y córtela en trozos. Mezclar la carne con todos los ingredientes restantes excepto el aceite. Dejar reposar 1 hora. Calentar el aceite y sofreír el pato con la marinada durante unos 15 minutos hasta que el pato esté tierno.

Para 4 personas

1 pato

450 g / 1 libra de jamón ahumado

2 puerros

2 rodajas de raíz de jengibre, picadas

45 ml / 3 cucharadas de vino de arroz o jerez seco

45 ml / 3 cucharadas de salsa de soja

2,5 ml / ½ cucharadita de sal

Coloca el pato en una sartén y solo cúbrelo con agua fría. Llevar a ebullición, tapar y cocinar a fuego lento durante unos 20 minutos. Escurrir y reservar 450 ml / ¾ pts / 2 tazas de caldo. Deje que el pato se enfríe un poco, luego corte la carne de los huesos y córtela en cuadrados de 5 cm. Corta el jamón en trozos similares. Cortar trozos largos de puerro y enrollar una rebanada de pato y jamón dentro de la hoja y atar con una cuerda. Coloque en un recipiente resistente al calor. Agregue el jengibre, el vino o jerez, la salsa de soja y la sal al caldo reservado y viértalo sobre los rollitos de pato. Coloque el tazón en una cacerola llena de agua hasta que llegue a dos tercios de la altura de los lados del tazón. Llevar a ebullición, tapar y cocinar a fuego lento durante aproximadamente 1 hora hasta que el pato esté tierno.

Pato asado con miel

Para 4 personas

1 pato

sal

3 dientes de ajo machacados

3 cebolletas (cebolletas), picadas

45 ml / 3 cucharadas de salsa de soja

45 ml / 3 cucharadas de vino de arroz o jerez seco

45 ml / 3 cucharadas de miel

200 ml / 7 fl oz / escasa 1 taza de agua hirviendo

Seque el pato y frótelo con sal por dentro y por fuera. Mezcle el ajo, las cebolletas, la salsa de soja y el vino o jerez y luego divida la mezcla por la mitad. Mezclar la miel por la mitad y frotar sobre el pato y luego dejar secar. Agrega el agua a la mezcla de miel restante. Vierta la mezcla de salsa de soja en la cavidad del pato y colóquelo sobre una rejilla en una fuente para asar con un poco de agua en el fondo. Ase en un horno precalentado a 180 ° C / 350 ° F / marca de gas 4 durante aproximadamente 2 horas hasta que el pato esté tierno, rociando durante toda la cocción con la mezcla de miel restante.

Pato asado húmedo

Para 4 personas

6 cebolletas (cebolletas), picadas

2 rodajas de raíz de jengibre, picadas

1 pato

2,5 ml / ½ cucharadita de anís molido

15 ml / 1 cucharada de azúcar

45 ml / 3 cucharadas de vino de arroz o jerez seco

60 ml / 4 cucharadas de salsa de soja

250 ml / 8 fl oz / 1 taza de agua

Coloque la mitad de las cebolletas y el jengibre en una sartén grande de base pesada. Coloca el resto en la cavidad del pato y agrégalo a la sartén. Agregue todos los ingredientes restantes excepto la salsa hoisin, lleve a ebullición, cubra y cocine a fuego lento durante aproximadamente 1 hora y media, volteando ocasionalmente. Retire el pato de la sartén y déjelo secar durante unas 4 horas.

Coloque el pato sobre una rejilla en una fuente para asar llena con un poco de agua fría. Ase en un horno precalentado a 230 ° C / 450 ° F / marca de gas 8 durante 15 minutos, luego déle la vuelta y ase durante 10 minutos más hasta que esté crujiente.

Mientras tanto, recalienta el líquido reservado y vierte sobre el pato para servir.

Pato salteado con champiñones

Para 4 personas

1 pato

75 ml / 5 cucharadas de aceite de maní (maní)

45 ml / 3 cucharadas de vino de arroz o jerez seco

15 ml / 1 cucharada de salsa de soja

15 ml / 1 cucharada de azúcar

5 ml / 1 cucharadita de sal

pizca de pimienta

2 dientes de ajo machacados

225 g / 8 oz de champiñones, cortados por la mitad

600 ml / 1 pt / 2½ tazas de caldo de pollo

15 ml / 1 cucharada de harina de maíz (maicena)

30 ml / 2 cucharadas de agua

5 ml / 1 cucharadita de aceite de sésamo

Picar el pato en trozos de 5 cm / 2. Calentar 45 ml / 3 cucharadas de aceite y sofreír el pato hasta que esté ligeramente dorado por todos lados. Agrega el vino o jerez, la salsa de soja, el azúcar, la sal y la pimienta y sofríe durante 4 minutos. Retirar de la sartén. Calentar el aceite restante y sofreír los ajos hasta que estén ligeramente dorados. Agregue los champiñones y revuelva hasta que estén cubiertos de aceite, luego regrese la mezcla de pato a la sartén y agregue el caldo. Llevar a ebullición, tapar y cocinar a fuego lento durante aproximadamente 1 hora hasta que el pato esté tierno. Mezcle la harina de maíz y el agua hasta obtener una pasta, luego revuélvala con la mezcla y cocine a fuego lento, revolviendo, hasta que la salsa espese. Espolvorear con aceite de sésamo y servir.

Pato con dos hongos

Para 4 personas

6 hongos chinos secos

1 pato

750 ml / 1 ¼ pts / 3 tazas de caldo de pollo

45 ml / 3 cucharadas de vino de arroz o jerez seco

5 ml / 1 cucharadita de sal

100 g / 4 oz de brotes de bambú, cortados en tiras

100 g / 4 oz de champiñones

Remojar los champiñones en agua tibia durante 30 minutos y luego escurrir. Deseche los tallos y corte las tapas a la mitad. Coloque el pato en un tazón grande resistente al calor con el caldo, el vino o el jerez y la sal y colóquelo en una cacerola llena de agua para que llegue a dos tercios por los lados del tazón. Llevar a ebullición, tapar y cocinar a fuego lento durante unas 2 horas hasta que el pato esté tierno. Retirar de la sartén y cortar la carne del hueso. Transfiera el líquido de cocción a una sartén separada. Coloque los brotes de bambú y ambos tipos de hongos en el fondo de la olla al vapor, vuelva a colocar la carne de pato, cubra y cocine al vapor durante 30 minutos más. Llevar a ebullición el líquido de cocción y verter sobre el pato para servir.

Pato Estofado Con Cebollas

Para 4 personas

4 hongos chinos secos

1 pato

90 ml / 6 cucharadas de salsa de soja

60 ml / 4 cucharadas de aceite de cacahuete

1 cebolla tierna (cebolleta), picada

1 rodaja de raíz de jengibre, picada

45 ml / 3 cucharadas de vino de arroz o jerez seco

450 g / 1 libra de cebollas, en rodajas

100 g / 4 oz de brotes de bambú, en rodajas

15 ml / 1 cucharada de azúcar morena

15 ml / 1 cucharada de harina de maíz (maicena)

45 ml / 3 cucharadas de agua

Remojar los champiñones en agua tibia durante 30 minutos y luego escurrir. Deseche los tallos y corte las tapas. Frote 15 ml / 1 cucharada de salsa de soja en el pato. Reserva 15 ml / 1 cucharada de aceite, calienta el aceite restante y sofríe la cebolleta y el jengibre hasta que estén ligeramente dorados. Agrega el pato y sofríe hasta que esté ligeramente dorado por todos lados. Elimina el exceso de grasa. Agregue el vino o jerez, la salsa de soja restante a la sartén y el agua suficiente para cubrir casi el pato. Llevar a ebullición, tapar y cocinar a fuego lento durante 1 hora, volteando de vez en cuando.

Calentar el aceite reservado y freír las cebollas hasta que se ablanden. Retire del fuego y agregue los brotes de bambú y los champiñones, luego agréguelos al pato, cubra y cocine a fuego lento durante 30 minutos más hasta que el pato esté tierno. Retire el pato de la sartén, córtelo en trozos y colóquelo en un plato para servir caliente. Llevar a ebullición los líquidos de la olla, agregar el azúcar y la maicena y dejar hervir a fuego lento, revolviendo, hasta que la mezcla hierva y espese. Vierta sobre el pato para servir.

Pato con Naranja

Para 4 personas

1 pato
3 cebolletas (cebolletas), cortadas en trozos
2 rodajas de raíz de jengibre, cortadas en tiras
1 rodaja de cáscara de naranja
sal y pimienta recién molida

Coloca el pato en una olla grande, solo cúbrelo con agua y lleva a ebullición. Agregue las cebolletas, el jengibre y la cáscara de naranja, tape y cocine a fuego lento durante aproximadamente 1 hora y media hasta que el pato esté tierno. Condimente con sal y pimienta, escurra y sirva.

Pato asado a la naranja

Para 4 personas

1 pato

2 dientes de ajo, cortados por la mitad

45 ml / 3 cucharadas de aceite de maní (maní)

1 cebolla

1 naranja

120 ml / 4 fl oz / ½ taza de vino de arroz o jerez seco

2 rodajas de raíz de jengibre, picadas

5 ml / 1 cucharadita de sal

Frote el ajo sobre el pato por dentro y por fuera y luego unte con aceite. Perforar la cebolla pelada con un tenedor, colocarla junto con la naranja sin pelar dentro de la cavidad del pato y sellar con una brocheta. Coloque el pato en una rejilla sobre una fuente para asar llena de un poco de agua caliente y ase en un horno precalentado a 160 ° C / 325 ° F / marca de gas 3 durante aproximadamente 2 horas. Desechar los líquidos y devolver el pato a la fuente para asar. Vierta sobre el vino o jerez y espolvoree con el jengibre y la sal. Regrese al horno por 30 minutos más. Deseche la cebolla y la naranja y corte el pato en trozos para servir. Vierta los jugos de la sartén sobre el pato para servir.

Pato con Peras y Castañas

Para 4 personas

225 g / 8 oz de castañas, sin cáscara

1 pato

45 ml / 3 cucharadas de aceite de maní (maní)

250 ml / 8 fl oz / 1 taza de caldo de pollo

45 ml / 3 cucharadas de salsa de soja

15 ml / 1 cucharada de vino de arroz o jerez seco

5 ml / 1 cucharadita de sal

1 rodaja de raíz de jengibre, picada

1 pera grande, pelada y en rodajas gruesas

15 ml / 1 cucharada de azúcar

Hervir las castañas durante 15 minutos y escurrir. Picar el pato en trozos de 5 cm / 2. Calentar el aceite y sofreír el pato hasta que esté ligeramente dorado por todos lados. Escurra el exceso de aceite y luego agregue el caldo, la salsa de soja, el vino o jerez, la sal y el jengibre. Lleve a ebullición, tape y cocine a fuego lento durante 25 minutos, revolviendo ocasionalmente. Añada las castañas, tape y cocine a fuego lento durante 15 minutos más. Espolvoree la pera con azúcar, agregue a la sartén y cocine a fuego lento durante unos 5 minutos hasta que esté bien caliente.

Pato Pekín

Para 6

1 pato

250 ml / 8 fl oz / 1 taza de agua

120 ml / 4 fl oz / ½ taza de miel

120 ml / 4 fl oz / ½ taza de aceite de sésamo

Para los panqueques:

250 ml / 8 fl oz / 1 taza de agua

225 g / 8 oz / 2 tazas de harina común (para todo uso)

aceite de cacahuete para freír

Para las salsas:

120 ml / 4 fl oz / ½ taza de salsa hoisin

30 ml / 2 cucharadas de azúcar morena

30 ml / 2 cucharadas de salsa de soja

5 ml / 1 cucharadita de aceite de sésamo

6 cebolletas (cebolletas), cortadas a lo largo

1 pepino cortado en tiras

El pato debe estar entero con la piel intacta. Ata el cuello firmemente con una cuerda y cose o ensarta la abertura inferior. Corte una pequeña hendidura en el costado del cuello, inserte una pajita y sople aire debajo de la piel hasta que se infle. Suspender el pato sobre una palangana y dejar reposar durante 1 hora.

Llevar a ebullición una cacerola con agua, introducir el pato y hervir durante 1 minuto, luego retirar y secar bien. Lleve el agua a ebullición y agregue la miel. Frote la mezcla sobre la piel de pato hasta que esté saturada. Cuelgue el pato sobre un recipiente en un lugar fresco y aireado durante aproximadamente 8 horas hasta que la piel esté dura.

Suspenda el pato o colóquelo en una rejilla sobre una fuente para asar y ase en un horno precalentado a 180 ° C / 350 ° F / marca de gas 4 durante aproximadamente 1½ horas, rociando regularmente con aceite de sésamo.

Para hacer los panqueques, hierva el agua y luego agregue gradualmente la harina. Amasar ligeramente hasta que la masa esté blanda, cubrir con un paño húmedo y dejar reposar 15 minutos. Extienda sobre una superficie enharinada y forme un cilindro largo. Cortar en rodajas de 2,5 cm / 1 en, luego aplanar hasta unos 5 mm / ¼ de espesor y untar la parte superior con aceite. Apile en pares con las superficies aceitadas tocando y espolvoree ligeramente el exterior con harina. Estire los pares a unos 10 cm / 4 pulgadas de ancho y cocine en pares durante aproximadamente 1 minuto por cada lado hasta que estén ligeramente dorados. Separe y apile hasta que esté listo para servir.

Prepare las salsas mezclando la mitad de la salsa hoisin con el azúcar y mezclando el resto de la salsa hoisin con la salsa de soja y el aceite de sésamo.

Retirar el pato del horno, cortar la piel y cortarlo en cuadritos, y cortar la carne en cubitos. Disponga en platos separados y sirva con los panqueques, salsas y acompañamientos.

Para 4 personas

1 pato

400 g / 14 oz de trozos de piña enlatada en almíbar

45 ml / 3 cucharadas de salsa de soja

5 ml / 1 cucharadita de sal

pizca de pimienta recién molida

Coloque el pato en una sartén de base gruesa, solo cubra con agua, hierva, luego cubra y cocine a fuego lento durante 1 hora. Escurrir el almíbar de piña en la sartén con la salsa de soja, sal y pimienta, tapar y cocinar a fuego lento durante 30 minutos más. Agregue los trozos de piña y cocine a fuego lento durante 15 minutos más hasta que el pato esté tierno.

Pato Salteado con Piña

Para 4 personas

1 pato

45 ml / 3 cucharadas de harina de maíz (maicena)

45 ml / 3 cucharadas de salsa de soja

225 g / 8 oz de piña enlatada en almíbar

45 ml / 3 cucharadas de aceite de maní (maní)

2 rodajas de raíz de jengibre, cortadas en tiras

15 ml / 1 cucharada de vino de arroz o jerez seco

5 ml / 1 cucharadita de sal

Corta la carne del hueso y córtala en trozos. Mezcle la salsa de soja con 30 ml / 2 cucharadas de harina de maíz y mezcle con el pato hasta que esté bien cubierto. Deje reposar durante 1 hora, revolviendo de vez en cuando. Triturar la piña y el almíbar y calentar suavemente en una sartén. Mezcle la harina de maíz restante con un poco de agua, revuelva en la sartén y cocine a fuego lento, revolviendo, hasta que la salsa espese. Manténgase caliente. Calentar el aceite y freír el jengibre hasta que esté ligeramente dorado y luego desechar el jengibre. Agrega el pato y sofríe hasta que esté ligeramente dorado por todos lados. Agrega el vino o jerez y la sal y sofríe unos minutos más hasta que el pato esté cocido. Coloque el pato en un plato para servir calentado, vierta sobre la salsa y sirva de inmediato.

Pato de piña y jengibre

Para 4 personas

1 pato

100 g / 4 oz de jengibre en conserva en almíbar

200 g / 7 oz de trozos de piña enlatada en almíbar

5 ml / 1 cucharadita de sal

15 ml / 1 cucharada de harina de maíz (maicena)

30 ml / 2 cucharadas de agua

Coloque el pato en un recipiente resistente al calor y colóquelo en una sartén llena de agua hasta que llegue a dos tercios de la altura de los lados del recipiente. Llevar a ebullición, tapar y cocinar a fuego lento durante unas 2 horas hasta que el pato esté tierno. Retirar el pato y dejar enfriar un poco. Retirar la piel y el hueso y cortar el pato en trozos. Disponer en un plato para servir y mantenerlos calientes.

Escurre el almíbar del jengibre y la piña en una sartén, agrega la sal, la harina de maíz y el agua. Lleve a ebullición, revolviendo y cocine a fuego lento durante unos minutos, revolviendo, hasta que la salsa se aclare y espese. Agregue el jengibre y la piña, revuelva y vierta sobre el pato para servir.

Pato con Piña y Lichis

Para 4 personas

4 pechugas de pato

15 ml / 1 cucharada de salsa de soja

1 clavo de anís estrellado

1 rodaja de raíz de jengibre

aceite de cacahuete para freír

90 ml / 6 cucharadas de vinagre de vino

100 g / 4 oz / ½ taza de azúcar morena

250 ml / 8 fl oz / ½ taza de caldo de pollo

15 ml / 1 cucharada de salsa de tomate (salsa de tomate)

200 g / 7 oz de trozos de piña enlatada en almíbar

15 ml / 1 cucharada de harina de maíz (maicena)

6 lichis enlatados

6 cerezas marrasquino

Coloque los patos, la salsa de soja, el anís y el jengibre en una cacerola y cubra con agua fría. Llevar a ebullición, desnatar, luego tapar y cocinar a fuego lento durante unos 45 minutos hasta que el pato esté cocido. Escurrir y secar. Freír en aceite caliente hasta que estén crujientes.

Mientras tanto, mezcle el vinagre de vino, el azúcar, el caldo, la salsa de tomate y 30 ml / 2 cucharadas de jarabe de piña en una sartén, lleve a ebullición y cocine a fuego lento durante unos 5 minutos hasta que espese. Agregue la fruta y caliente antes de verter sobre el pato para servir.

Pato con Cerdo y Castañas

Para 4 personas

6 hongos chinos secos

1 pato

225 g / 8 oz de castañas, sin cáscara

225 g / 8 oz de carne de cerdo magra, en cubos

3 cebolletas (cebolletas), picadas

1 rodaja de raíz de jengibre, picada

250 ml / 8 fl oz / 1 taza de salsa de soja

900 ml / 1½ pts / 3¾ tazas de agua

Remojar los champiñones en agua tibia durante 30 minutos y luego escurrir. Deseche los tallos y corte las tapas. Colocar en una sartén grande con todos los ingredientes restantes, llevar a ebullición, tapar y cocinar a fuego lento durante aproximadamente 1 hora y media hasta que el pato esté cocido.

Pato con Patatas

Para 4 personas

75 ml / 5 cucharadas de aceite de maní (maní)

1 pato

3 dientes de ajo machacados

30 ml / 2 cucharadas de salsa de frijoles negros

10 ml / 2 cucharaditas de sal

1,2 l / 2 pts / 5 tazas de agua

2 puerros, en rodajas gruesas

15 ml / 1 cucharada de azúcar

45 ml / 3 cucharadas de salsa de soja

60 ml / 4 cucharadas de vino de arroz o jerez seco

1 clavo de anís estrellado

900 g / 2 lb de papas, en rodajas gruesas

½ cabeza de hojas chinas

15 ml / 1 cucharada de harina de maíz (maicena)

30 ml / 2 cucharadas de agua

ramitas de perejil de hoja plana

Calentar 60 ml / 4 cucharadas de aceite y freír el pato hasta que se dore por todos lados. Ata o cose el extremo del cuello y coloca el pato, con el cuello hacia abajo, en un recipiente hondo. Calentar el aceite restante y sofreír los ajos hasta que estén ligeramente dorados. Agrega la salsa de frijoles negros y la sal y sofríe por 1 minuto. Añadir el agua, los puerros, el azúcar, la salsa de soja, el vino o jerez y el anís estrellado y llevar a ebullición. Vierta 120 ml / 8 fl oz / 1 taza de la mezcla en la cavidad del pato y ate o cosa para asegurar. Lleve a ebullición el resto de la mezcla en la sartén. Agregue el pato y las papas, tape y cocine a fuego lento durante 40 minutos, volteando el pato una vez. Coloca las hojas chinas en un plato para servir. Retirar el pato de la sartén, cortar en trozos de 5 cm / 2 y colocar en el plato de servir con las patatas. Mezcle la harina de maíz con el agua hasta obtener una pasta, revuélvala en la sartén y cocine a fuego lento, revolviendo, hasta que la salsa espese.

Pato Cocido Rojo

Para 4 personas

1 pato

4 cebolletas (cebolletas), cortadas en trozos

2 rodajas de raíz de jengibre, cortadas en tiras

90 ml / 6 cucharadas de salsa de soja

45 ml / 3 cucharadas de vino de arroz o jerez seco

10 ml / 2 cucharaditas de sal

10 ml / 2 cucharaditas de azúcar

Coloque el pato en una sartén pesada, solo cúbralo con agua y déjelo hervir. Agregue las cebolletas, el jengibre, el vino o el jerez y la sal, tape y cocine a fuego lento durante aproximadamente 1 hora. Agregue el azúcar y cocine a fuego lento durante 45 minutos más hasta que el pato esté tierno. Cortar el pato en un plato para servir y servir caliente o frío, con o sin salsa.

Para 4 personas

1 pato

500 ml / 14 fl oz / 1¾ tazas de vino de arroz o jerez seco

5 ml / 1 cucharadita de sal

45 ml / 3 cucharadas de salsa de soja

Colocar el pato en una sartén de base gruesa con el jerez y la sal, llevar a ebullición, tapar y cocinar a fuego lento durante 20 minutos. Escurre el pato, reserva el líquido y frótalo con salsa de soja. Coloque sobre una rejilla en una fuente para asar llena de un poco de agua caliente y ase en un horno precalentado a 180 ° C / 350 ° F / marca de gas 4 durante aproximadamente 1 hora, rociando regularmente con el líquido de vino reservado.

Pato al vapor con vino de arroz

Para 4 personas

1 pato

4 cebolletas (cebolletas), cortadas por la mitad

1 rodaja de raíz de jengibre, picada

250 ml / 8 fl oz / 1 taza de vino de arroz o jerez seco

30 ml / 2 cucharadas de salsa de soja

pizca de sal

Escaldar el pato en agua hirviendo durante 5 minutos y escurrir. Coloque en un recipiente resistente al calor con los ingredientes restantes. Coloque el tazón en una cacerola llena de agua hasta que llegue a dos tercios de la altura de los lados del tazón. Llevar a ebullición, tapar y cocinar a fuego lento durante unas 2 horas hasta que el pato esté tierno. Deseche las cebolletas y el jengibre antes de servir.

Pato Salado

Para 4 personas

45 ml / 3 cucharadas de aceite de maní (maní)

4 pechugas de pato

3 cebolletas (cebolletas), en rodajas

2 dientes de ajo machacados

1 rodaja de raíz de jengibre, picada

250 ml / 8 fl oz / 1 taza de salsa de soja

30 ml / 2 cucharadas de vino de arroz o jerez seco

30 ml / 2 cucharadas de azúcar morena

5 ml / 1 cucharadita de sal

450 ml / ¾ pt / 2 tazas de agua

15 ml / 1 cucharada de harina de maíz (maicena)

Calentar el aceite y freír las pechugas de pato hasta que estén doradas. Agrega las cebolletas, el ajo y el jengibre y sofríe durante 2 minutos. Agrega la salsa de soja, el vino o jerez, el azúcar y la sal y mezcla bien. Agregue el agua, lleve a ebullición, tape y cocine a fuego lento durante aproximadamente 1 hora y media hasta que la carne esté muy tierna. Mezcle la harina de maíz con un poco de agua, luego revuélvala en la sartén y cocine a fuego lento, revolviendo, hasta que la salsa espese.

Pato Salado con Judías Verdes

Para 4 personas

45 ml / 3 cucharadas de aceite de maní (maní)

4 pechugas de pato

3 cebolletas (cebolletas), en rodajas

2 dientes de ajo machacados

1 rodaja de raíz de jengibre, picada

250 ml / 8 fl oz / 1 taza de salsa de soja

30 ml / 2 cucharadas de vino de arroz o jerez seco

30 ml / 2 cucharadas de azúcar morena

5 ml / 1 cucharadita de sal

450 ml / ¾ pt / 2 tazas de agua

225 g / 8 oz de judías verdes

15 ml / 1 cucharada de harina de maíz (maicena)

Calentar el aceite y freír las pechugas de pato hasta que estén doradas. Agrega las cebolletas, el ajo y el jengibre y sofríe durante 2 minutos. Agrega la salsa de soja, el vino o jerez, el azúcar y la sal y mezcla bien. Agregue el agua, lleve a ebullición, tape y cocine a fuego lento durante unos 45 minutos. Agregue los frijoles, tape y cocine a fuego lento durante 20 minutos más. Mezcle la harina de maíz con un poco de agua, luego revuélvala en la sartén y cocine a fuego lento, revolviendo, hasta que la salsa espese.

Pato cocido a fuego lento

Para 4 personas

1 pato

50 g / 2 oz / ½ taza de harina de maíz (maicena)

aceite para freír

2 dientes de ajo machacados

30 ml / 2 cucharadas de vino de arroz o jerez seco

30 ml / 2 cucharadas de salsa de soja

5 ml / 1 cucharadita de raíz de jengibre rallada

750 ml / 1¼ pts / 3 tazas de caldo de pollo

4 hongos chinos secos

225 g / 8 oz de brotes de bambú, en rodajas

225 g / 8 oz de castañas de agua, en rodajas

10 ml / 2 cucharaditas de azúcar

pizca de pimienta

5 cebolletas (cebolletas), en rodajas

Corta el pato en trozos pequeños. Reserve 30 ml / 2 cucharadas de harina de maíz y cubra el pato con la harina de maíz restante. Quita el exceso de polvo. Calentar el aceite y sofreír el ajo y el pato hasta que estén ligeramente dorados. Retirar de la sartén y escurrir sobre papel de cocina. Coloque el pato en una sartén grande. Mezclar el vino o jerez, 15 ml / 1 cucharada de salsa de soja y el jengibre. Añadir a la sartén y cocinar a fuego fuerte durante 2 minutos. Agregue la mitad del caldo, lleve a ebullición, tape y cocine a fuego lento durante aproximadamente 1 hora hasta que el pato esté tierno.

Mientras tanto, remoje los champiñones en agua tibia durante 30 minutos y luego escurra. Deseche los tallos y corte las tapas. Agregue los champiñones, los brotes de bambú y las castañas de agua al pato y cocine, revolviendo con frecuencia, durante 5 minutos. Quite la grasa del líquido. Licue el caldo restante, la harina de maíz y la salsa de soja con el azúcar y la pimienta y revuelva en la sartén. Lleve a ebullición, revolviendo, luego cocine a fuego lento durante unos 5 minutos hasta que la salsa espese. Transfiera a un tazón para servir caliente y sirva adornado con cebolletas.

Pato Salteado

Para 4 personas

1 clara de huevo, ligeramente batida

20 ml / 1½ cucharada de harina de maíz (maicena)

sal

450 g / 1 lb de pechugas de pato, en rodajas finas

45 ml / 3 cucharadas de aceite de maní (maní)

2 cebolletas (cebolletas), cortadas en tiras

1 pimiento verde cortado en tiritas

5 ml / 1 cucharadita de vino de arroz o jerez seco

75 ml / 5 cucharadas de caldo de pollo

2,5 ml / ½ cucharadita de azúcar

Batir la clara de huevo con 15 ml / 1 cucharada de harina de maíz y una pizca de sal. Agregue el pato en rodajas y mezcle hasta que el pato esté cubierto. Calentar el aceite y freír el pato hasta que esté bien cocido y dorado. Retire el pato de la sartén y escurra todo menos 30 ml / 2 cucharadas de aceite. Agrega las cebolletas y el pimiento y sofríe durante 3 minutos. Añadir el vino o jerez, el caldo y el azúcar y llevar a ebullición. Mezcle la harina de maíz restante con un poco de agua, revuélvala con la salsa y cocine a fuego lento, revolviendo, hasta que la salsa espese. Agregue el pato, caliente y sirva.

Pato con batatas

Para 4 personas

1 pato

250 ml / 8 fl oz / 1 taza de aceite de maní (maní)

225 g / 8 oz de batatas, peladas y cortadas en cubos

2 dientes de ajo machacados

1 rodaja de raíz de jengibre, picada

2,5 ml / ½ cucharadita de canela

2,5 ml / ½ cucharadita de clavo molido

pizca de anís molido

5 ml / 1 cucharadita de azúcar

15 ml / 1 cucharada de salsa de soja

250 ml / 8 fl oz / 1 taza de caldo de pollo

15 ml / 1 cucharada de harina de maíz (maicena)

30 ml / 2 cucharadas de agua

Picar el pato en trozos de 5 cm / 2. Calentar el aceite y sofreír las patatas hasta que se doren. Retirarlos de la sartén y escurrir todos menos 30 ml / 2 cucharadas de aceite. Agrega el ajo y el jengibre y sofríe durante 30 segundos. Agrega el pato y sofríe hasta que esté ligeramente dorado por todos lados. Agregue las especias, el azúcar, la salsa de soja y el caldo y deje hervir. Agregue las papas, tape y cocine a fuego lento durante unos 20 minutos hasta que el pato esté tierno. Mezcle la harina de maíz hasta obtener una pasta con el agua, luego revuélvala en la sartén y cocine a fuego lento, revolviendo, hasta que la salsa espese.

Pato agridulce

Para 4 personas

1 pato

1,2 l / 2 pts / 5 tazas de caldo de pollo

2 cebollas

2 zanahorias

2 dientes de ajo, en rodajas

15 ml / 1 cucharada de especias para encurtir

10 ml / 2 cucharaditas de sal

10 ml / 2 cucharaditas de aceite de cacahuete

6 cebolletas (cebolletas), picadas

1 mango, pelado y cortado en cubos

12 lichis, cortados a la mitad

15 ml / 1 cucharada de harina de maíz (maicena)

15 ml / 1 cucharada de vinagre de vino

10 ml / 2 cucharaditas de puré de tomate (pasta)

15 ml / 1 cucharada de salsa de soja

5 ml / 1 cucharadita de polvo de cinco especias

300 ml / ½ pt / 1¼ tazas de caldo de pollo

Colocar el pato en una canasta de vapor sobre una sartén que contenga el caldo, la cebolla, la zanahoria, el ajo, el encurtido y la sal. Cubra y cocine al vapor durante 2 horas y media. Enfriar el pato, tapar y dejar enfriar durante 6 horas. Retire la carne de los huesos y córtela en cubos. Calentar el aceite y freír el pato y las cebolletas hasta que estén crujientes. Agregue el resto de los ingredientes, hierva y cocine a fuego lento durante 2 minutos, revolviendo, hasta que la salsa espese.

Pato mandarina

Para 4 personas

1 pato

60 ml / 4 cucharadas de aceite de cacahuete

1 pieza de cáscara de mandarina seca

900 ml / 1½ pts / 3¾ tazas de caldo de pollo

5 ml / 1 cucharadita de sal

Cuelga el pato para que se seque durante 2 horas. Calentar la mitad del aceite y freír el pato hasta que esté ligeramente dorado. Transfiera a un tazón grande resistente al calor. Calentar el aceite restante y freír la cáscara de mandarina durante 2 minutos y luego colocarla dentro del pato. Vierta el caldo sobre el pato y sazone con sal. Coloque el tazón sobre una rejilla en una vaporera, cubra y cocine al vapor durante aproximadamente 2 horas hasta que el pato esté tierno.

Pato con Verduras

Para 4 personas

1 pato grande, picado en 16 trozos

sal

300 ml / ½ pt / 1¼ tazas de agua

300 ml / ½ pt / 1¼ tazas de vino blanco seco

120 ml / 4 fl oz / ½ taza de vinagre de vino

45 ml / 3 cucharadas de salsa de soja

30 ml / 2 cucharadas de salsa de ciruela

30 ml / 2 cucharadas de salsa hoisin

5 ml / 1 cucharadita de polvo de cinco especias

6 cebolletas (cebolletas), picadas

2 zanahorias picadas

5 cm / 2 de rábano blanco picado

50 g / 2 oz de col china, cortada en cubitos

pimienta recién molida

5 ml / 1 cucharadita de azúcar

Poner los trozos de pato en un bol, espolvorear con sal y añadir el agua y el vino. Agregue el vinagre de vino, la salsa de soja, la salsa de ciruela, la salsa hoisin y el polvo de cinco especias, lleve a ebullición, tape y cocine a fuego lento durante aproximadamente 1 hora. Agregue las verduras a la sartén, retire la tapa y cocine a fuego lento durante 10 minutos más. Condimentar con sal, pimienta y azúcar y dejar enfriar. Cubra y refrigere durante la noche. Quite la grasa y luego vuelva a calentar el pato en la salsa durante 20 minutos.

Pato Salteado con Verduras

Para 4 personas

4 hongos chinos secos

1 pato

10 ml / 2 cucharaditas de harina de maíz (maicena)

15 ml / 1 cucharada de salsa de soja

45 ml / 3 cucharadas de aceite de maní (maní)

100 g / 4 oz de brotes de bambú, cortados en tiras

50 g / 2 oz de castañas de agua, cortadas en tiras

120 ml / 4 fl oz / ½ taza de caldo de pollo

15 ml / 1 cucharada de vino de arroz o jerez seco

5 ml / 1 cucharadita de sal

Remojar los champiñones en agua tibia durante 30 minutos y luego escurrir. Deseche los tallos y corte las tapas en dados. Retire la carne de los huesos y córtela en trozos. Mezclar la harina de maíz y la salsa de soja, agregar a la carne de pato y dejar reposar 1 hora. Calentar el aceite y sofreír el pato hasta que esté ligeramente dorado por todos lados. Retirar de la sartén. Agrega los champiñones, los brotes de bambú y las castañas de agua a la sartén y sofríe durante 3 minutos. Añada el caldo, el vino o el jerez y la sal, lleve a ebullición y cocine a fuego lento durante 3 minutos. Regrese el pato a la sartén, tape y cocine a fuego lento durante 10 minutos más hasta que el pato esté tierno.

Pato Cocido Blanco

Para 4 personas

1 rodaja de raíz de jengibre, picada

250 ml / 8 fl oz / 1 taza de vino de arroz o jerez seco

sal y pimienta recién molida

1 pato

3 cebolletas (cebolletas), picadas

5 ml / 1 cucharadita de sal

100 g / 4 oz de brotes de bambú, en rodajas

100 g / 4 oz de jamón ahumado, rebanado

Mezclar el jengibre, 15 ml / 1 cucharada de vino o jerez, un poco de sal y pimienta. Frote sobre el pato y déjelo reposar durante 1 hora. Coloque el ave en una sartén de base gruesa con la marinada y agregue las cebolletas y la sal. Agregue suficiente agua fría solo para cubrir el pato, hierva, cubra y cocine a fuego lento durante aproximadamente 2 horas hasta que el pato esté tierno. Agregue los brotes de bambú y el jamón y cocine a fuego lento durante 10 minutos más.

Para 4 personas

1 pato

15 ml / 1 cucharada de salsa de frijoles amarillos

1 cebolla en rodajas

1 botella de vino blanco seco

Frote el pato por dentro y por fuera con la salsa de frijoles amarillos. Coloca la cebolla dentro de la cavidad. Llevar a ebullición el vino en una cacerola grande, agregar el pato, volver a hervir, tapar y dejar hervir a fuego lento durante unas 3 horas hasta que el pato esté tierno. Escurrir y cortar en rodajas para servir.

Lightning Source UK Ltd.
Milton Keynes UK
UKHW020635140521
383717UK00011B/482